Los trabajos de los perros

Los perros militares

por Marie Brandle

Bullfrog
en español

Ideas para padres y maestros

Bullfrog Books permite a los niños practicar la lectura de textos informativos desde el nivel principiante. Las repeticiones, palabras conocidas y descripciones en las imágenes ayudan a los lectores principiantes.

Antes de leer

• Hablen acerca de las fotografías. ¿Qué representan para ellos?

• Consulten juntos el glosario de las fotografías. Lean las palabras y hablen de ellas.

Durante la lectura

• Hojeen el libro y observen las fotografías. Deje que el niño haga preguntas. Muestre las descripciones en las imágenes.

• Léale el libro al niño o deje que él o ella lo lea independientemente.

Después de leer

• Anime al niño para que piense más. Pregúntele: ¿Sabías acerca de los perros militares antes de leer este libro? ¿Qué más te gustaría aprender sobre ellos?

Bullfrog Books are published by Jump!
5357 Penn Avenue South
Minneapolis, MN 55419
www.jumplibrary.com

Library of Congress Cataloging-in-Publication Data

Names: Brandle, Marie, 1989– author.
Title: Los perros militares / por Marie Brandle.
Other titles: Military dogs. Spanish
Description: Minneapolis: Jump!, Inc., 2022.
Series: Los trabajos de los perros
Includes index. | Audience: Ages 5–8
Identifiers: LCCN 2021034387 (print)
LCCN 2021034388 (ebook)
ISBN 9781636904184 (hardcover)
ISBN 9781636904191 (paperback)
ISBN 9781636904207 (ebook)
Subjects: LCSH: Dogs—War use—United States—Juvenile literature.
Classification: LCC UH100 .B7318 2022 (print)
LCC UH100 (ebook) | DDC 355.4/24—dc23
LC record available at https://lccn.loc.gov/2021034387
LC ebook record available at https://lccn.loc.gov/2021034388

Editor: Eliza Leahy
Designer: Molly Ballanger
Translator: Annette Granat

Photo Credits: Alexandr Zagibalov/Shutterstock, cover (soldier); U.S. Army, cover (dog), 5, 10–11, 20–21, 23tr, 23bl; Erik Lam/Shutterstock, 1; U.S. Air Force, 3, 4, 6–7, 8, 12–13, 18–19, 22tl, 22tr, 22bl, 23tl; U.S. Marine Corps, 9, 22br, 24; U.S. Air National Guard, 14–15; AB Forces News Collection/Alamy, 16; Aneta Jungerova/Shutterstock, 17.

Printed in the United States of America at Corporate Graphics in North Mankato, Minnesota.

Tabla de contenido

Perros valientes

Este perro vuela en un avión.

¿Por qué?

¡Está en las fuerzas armadas! Él trabaja con soldados.

Cada perro tiene
un entrenador.

Los entrenadores
los entrenan.

Los perros aprenden
a escuchar.

entrenador

Los perros aprenden
a encontrar bombas.

¿Cómo?

Las olfatean.

Aprenden a morder si es necesario.

¡Ten cuidado!

chaleco

Este perro tiene
puesto un chaleco.

Esto lo mantiene a salvo.

Esta perra usa lentes de seguridad.

Sus orejas también están cubiertas.

¿Por qué?

lentes de seguridad

13

paracaídas

Ella salta desde un avión.
¡Qué genial!

Este perro cuida un edificio.

Él ladra si el peligro se acerca.

Esto advierte a su entrenador.

Esta perra inspecciona un edificio.

Ella olfatea para encontrar bombas.

Estos perros son valientes.

¡Mantienen a los soldados a salvo!

En el trabajo

Los perros militares tienen muchos trabajos.
¡Échales un vistazo a algunos de ellos!

perros de detección
Estos perros olfatean
para encontrar drogas.

perros de explosivos
Estos perros buscan
explosivos, como bombas.

perros de patrulla
Estos perros patrullan, o caminan
alrededor de un área, para encontrar
enemigos o peligro.

perros centinelas
Estos perros protegen edificios.

Glosario de fotografías

entrenador
Una persona que entrena
o controla un animal.

fuerzas armadas
Las fuerzas militares de un país.

olfatean
Huelen al tomar inhalaciones
cortas a través de la nariz.

soldados
La gente que sirve en un ejército.

Índice

Para aprender más

Aprender más es tan fácil como contar de 1 a 3.

❶ Visita www.factsurfer.com

❷ Escribe "losperrosmilitares"
en la caja de búsqueda.

❸ Elige tu libro para ver una lista de sitios web.